PHOTOGRAPHIE.

ÉPREUVES POSITIVES NACRÉES,

PROCÉDÉ

Déposé à l'Académie des Sciences le 7 Novembre 1853,

PAR

E. DE POILLY.

PRÉCÉDÉ

DU RAPPORT DE LA SOCIÉTÉ PHOTOGRAPHIQUE

DE BOULOGNE-SUR-MER.

Cette notice ne peut être mise en vente sans que les côtés n'en soient collés de manière à ce qu'on ne puisse lire dans le corps de l'ouvrage.

PRIX : 6 Francs.

SE TROUVE :

CHEZ MM. A. GAUDIN ET FRÈRE,

9, Rue de la Perle, Paris. — 26, Skinner Street, London.

1856

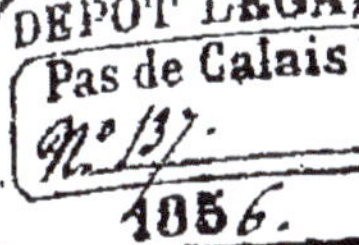

PHOTOGRAPHIE.

ÉPREUVES POSITIVES NACRÉES,

PROCÉDÉ

Déposé à l'Académie des Sciences le 7 Novembre 1853,

PAR

E. DE POILLY,

PRÉCÉDÉ

DU RAPPORT DE LA SOCIÉTÉ PHOTOGRAPHIQUE

DE BOULOGNE-SUR-MER.

PRIX : 6 Francs.

SE TROUVE :
CHEZ MM. A. GAUDIN ET FRÈRE,
9, Rue de la Perle, Paris. — 26, Skinner Street, London.

1856.

Chaque exemplaire doit être revêtu de ma signature.

13, RUE TANT-PERD-TANT-PAIE,

Boulogne-sur-mer.

Ⓒ

Imp. de Ch. Aigre, 3, rue des Vieillards.

A M. PHILIP GARDNER,

AMATEUR PHOTOGRAPHE,

Vice-Président de la Société Boulonnaise de Photographie,

A vous, mon cher ami, dont l'esprit est aussi versé dans les choses de l'art que votre cœur est bienfaisant et généreux, à vous je dédie ce petit traité d'un procédé dont vos belles épreuves admirées à l'Exposition de Bruxelles m'ont révélé à moi-même l'importance et la véritable portée.

Recevez le comme un témoignage de la profonde estime et de la sincère amitié de

Votre bien dévoué,

E. DE POILLY.

Boulogne-sur-mer, le 1er *Décembre* 1856.

RAPPORT de la Commission nommée par la Société Boulonnaise de Photographie sur le procédé de son président, M. de Poilly, pour l'obtention des épreuves POSITIVES NACRÉES SUR VERRE.

Cette Commission était composée du Vice-Président, du Secrétaire, de l'Archiviste et d'un Membre de la Société.

MESSIEURS,

Afin de remplir la mission dont vous avez bien voulu nous charger, nous avons examiné avec attention et scrupuleusement expérimenté le procédé pour épreuves *positives nacrées sur verre*, qui nous a été communiqué dans la dernière séance par M. de Poilly.

Nous pouvons certifier que les épreuves que nous avons obtenues, en suivant ses formules, sont parfaitement identiques à celles faites par lui et qu'il nous a présentées ; les blancs ont le même brillant métallique et nacré, les noirs sont aussi profonds et limpides, les demi-teintes sont aussi parfaites. Nous croyons que ce procédé donne des résultats infiniment préférables à tout ce que l'on a vu jusqu'à présent dans ce genre de photographie, non seulement sous le rapport de la grande beauté et de la perfection des blancs, mais encore au point de vue de l'harmonie générale de l'épreuve et de la richesse des tons.

Nous avons voulu, Messieurs, faire des expériences comparatives afin de constater s'il existait une différence de sensibilité entre ce procédé et ceux déjà en usage : nous avons été à même d'obtenir des épreuves *instantanées* semblables à celles mises sous nos yeux par M. de Poilly, et représentant différentes scènes du débarquement à Boulogne de la reine d'Angleterre, ainsi que la revue passée sur la plage en présence de Leurs Majestés alliées.

Nous sommes donc très-heureux, Messieurs, de pouvoir constater que le procédé a été consciencieusement donné par son auteur, et que les résultats obtenus, en suivant ses indications, sont parfaits.

Boulogne-sur-mer, le 8 Septembre 1856.

PHILIP GARDNER, vice-président.
CH. DUNAND, secrétaire.
G. THUILLIER, archiviste.
VERNEUIL, photographe.

AVANT-PROPOS.

En publiant mon procédé, je ne prétends pas livrer au public un traité de photographie ; d'autres qui m'ont précédé ont posé les principes fondamentaux, je n'ajouterai à ce qui a été dit que ce qui concerne particulièrement mon procédé, à savoir : qu'il est de rigueur que les substances que je fais entrer dans le collodion se retrouvent en équilibre dans les autres bains. D'ailleurs je ne m'adresse point aux personnes étrangères à la photographie, mais aux photographes et aux amateurs déjà versés dans la pratique de cet art ; je suis persuadé qu'à l'examen de mes formules ils en saisiront le mécanisme, et je ne doute point qu'avec un peu de pratique ils n'obtiennent presque à coup sûr les résultats remarquables qu'a donnés mon procédé aux membres de la commission dont le rapport est ci-joint.

ÉPREUVES POSITIVES NACRÉES.

NETTOYAGE DES GLACES.

Je décape mes glaces chaque fois qu'elles ont servi en les laissant séjourner pendant quelque temps dans de l'acide nitrique étendu de trois fois son volume d'eau, je les rince à plusieurs eaux, je les polis ensuite au moyen de cendres d'orme en poudre impalpable.

COLLODION.

Flacon n° 1.

Alcool à 40° saturé d'iodure de potassium	50 cent.cubes.
Iodure d'ammonium.	1 gramme.
Iodure de zinc.	1 »
Alcool	5 cent.cubes.

Quelques grains d'iode jusqu'à couleur d'eau-de-vie.

Flacon n° 2.

Bromure d'ammonium	0,50 centigram.
Bromure de cadmium . . . . . ,	0,50 »
Fluorure d'ammonium	0,10 »
Cyanure de potassium	0,10 »
Alcool	30 cent.cubes.
Ether	10 » »

Flacon n° 3.

Teinture d'iode saturée.

Flacon n° 4.

Acide prussique ou acide acétique.

Je me sers du flacon n° 1 pour iodurer mon collodion, cette ioduration doit être faible et ne pas dépasser la teinte bleue dans le bain d'argent ; il faut cependant que la couche d'iodure puisse donner une épreuve ; en cet état sa sensibilité n'est pas assez grande et le résultat définitif est incomplet quant à la richesse des tons ; j'y verse alors par petites quantités de la solution du flacon n° 2 jusqu'à ce que j'obtienne la sensibilité et le modelé convenables. Enfin, pour faire acquérir à l'épreuve la profondeur qui lui manque dans les noirs, je colore le collodion jusqu'à teinte d'eau-de-vie foncée au moyen de la solution n° 3, puis j'ajoute quelques gouttes du flacon n° 4.

Il arrive toujours que ce collodion s'altère : on recommence alors à le traiter comme il vient d'être dit avec les solutions n°s 2, 3 et 4, mais rarement avec la solution n° 1 ; ce collodion devient alors tellement stable qu'il peut se conserver presque indéfiniment. Il ne faut jamais rejeter le vieux collodion ; on peut le régénérer avec du collodion nouveau, et on le sensibilise avec les solutions ci-dessus.

BAIN D'ARGENT.

Eau distillée.	100 centim. cubes.
Nitrate d'argent cristallisé . .	8 grammes.
Alcool.	10 centim. cubes.

Collodion photographique sensibilisé de 2 à 3 cent. c.

Agitez plusieurs fois et filtrez 12 heures après. Le bain d'argent doit toujours être maintenu de 6 à 8 pour cent.

En même temps que, par l'usage, ce bain s'épuise en argent, il s'y forme un excès d'iodure; la couche manque alors de sensibilité : voici comment je corrige ce défaut : mon bain d'argent neuf est de 500 c. c.; dès que je m'aperçois qu'il est affaibli, j'y ajoute une quantité d'eau nécessaire pour que le volume du bain soit rétabli à 500 c. c.; une partie du liquide ayant été épuisée par l'usage, le bain se trouble, je le filtre *immédiatement*, afin de le débarrasser de l'iodure en suspension ; je vérifie le titre au moyen de l'aréomètre, et j'ajoute la quantité de nitrate d'argent nécessaire pour ramener le bain à 8 pour cent.

BAIN DE FER.

N° 1.

Eau de pluie saturée de petit blanc	250	centim. cubes.
Sulfate de fer	60	grammes.
Acide nitrique.	10	centim. cubes.
Acide sulfurique	10	centim. cubes.
Nitrate d'argent	1	gramme.
Collodion sensibilisé.	de 2 à 3	centim. cubes.

Agitez pendant quelque temps, filtrez, puis ajoutez :

Saturation alcoolique d'iode (flacon n°3)	2	centim. cubes.
Solution d'iodures (flacon n° 1). .	2	»
Solution de bromures (flacon n° 2)	2	»
Ammoniaque liquide	10	gouttes.

Laissez reposer 24 heures et filtrez.

N° 2.

Eau de pluie.	120	centim. cubes.
Sulfate de fer	20	grammes.
Acide sulfurique	5	centim. cubes.
Solution de nitrate d'argent à 10 p. %.	4	»
Acide acétique.	5	»

Laissez reposer 24 heures et filtrez.

Actuellement, dans un flacon de capacité suffisante, mettez du collodion pharmaceutique dont vous précipitez le coton au moyen d'une addition d'eau de pluie filtrée; (on sait qu'il faut neuf parties d'eau pour dissoudre complètement une partie d'éther), agitez avec précaution en retirant de temps en temps le bouchon et conservez pour le besoin.

Vingt-quatre heures après que vos bains de fer n° 1, et n° 2, ont été faits et filtrés, vous versez dans chacun d'eux de cette eau éthérée jusqu'à ce qu'ils aient obtenu un aspect *soyeux et métallique*; ici il faut prendre quelques précautions, car la réaction est si forte que les flacons pourraient faire explosion ; prenez alors 80 centimètres cubes du bain n° 1, que vous mélangez avec le bain n° 2 tout entier, et vous obtiendrez un bain de fer parfait, si vos opérations ont été bien conduites.

Ce bain de fer dure indéfiniment; seulement il est nécessaire de le remanier au besoin, comme je vais le dire :

Quand le bain est affaibli et qu'il développe lentement tout en s'enrichissant outre mesure de paillettes métalliques, je le revivifie en y ajoutant quelques centimètres cubes d'une solution saturée de sulfate de fer, puis quelques gouttes de la solution d'iodures (flacon n° 1), il se forme alors un précipité dont je me débarrasse par filtration.

On peut aussi, dans le cas où les tons obtenus ne seraient pas assez satisfaisants, ajouter au bain de fer une certaine partie d'eau éthérée.

BAIN. FIXATEUR.

Cyanure de potassium, de 8 à	10 grammes.
Eau de pluie	100 cent.cubes.
Alcool	5 »
Solution de nitrate d'argent à 10 p. %	2 »

Ce bain s'altérant par l'usage et le contact de l'air, il est bon de le renouveler de temps en temps.

Les dosages que j'ai indiqués sont ceux que je crois les meilleurs comme point de départ ; quant aux flacons n° 2, n° 3 et n° 4, dont les quantités à ajouter au collodion ne sont point indiquées, j'en laisse l'emploi dans les formes prescrites au sentiment et à l'expérience des artistes, ils trouveront dans la variation des doses les gammes des tons qu'ils désirent obtenir.

Les épreuves les plus éclatantes sont celles obtenues au minimum d'exposition, car une pose prolongée au-delà du temps convenable nuit à l'éclat des blancs et à la profondeur des noirs.

Les lavages à l'eau, après le passage au sulfate de fer et après le fixateur, doivent être poussés à outrance ; c'est la première condition d'inaltérabilité des épreuves.

L'éclat définitif ne se montre presque toujours que lorsque l'épreuve est séchée ; on ne doit pas trop hâter la dessiccation, il faut surtout attendre qu'elle soit complète avant de vernir.

Le choix du vernis n'est pas indifférent, on en trouve d'excellent dans le commerce, j'indique pour mémoire seulement celui dont je me sers :

Dissolution de bitume de Judée dans le benzine	50 cent.cubes.
Dissolution de bitume de Judée dans l'essence de térébenthine . . .	50 »
Cire vierge.	5 grammes.
Dissolution épaisse de caoutchouc. .	2 cent.cubes.

Ce vernis sèche très-vite et ne s'écaille pas.

Telles sont les formules qui constituent mon procédé dit pour *épreuves positives nacrées* ; cependant, lorsque l'exposition convenable pour positifs a été prolongée, il m'est arrivé d'obtenir des épreuves assez intenses pour pouvoir servir de négatifs ; je soupçonne que la réduction si absolument métallique obtenue par mon bain de fer en est la cause principale en ce que les molécules d'argent sont tellement rapprochées qu'elles forment une surface impénétrable à la lumière, jouant alors le rôle des noirs dans les épreuves négatives.

Aux tons nacrés de mes épreuves positives sur verre s'ajoutent, lorsqu'on les transporte sur toile cirée, des reflets irisés du plus bel effet.

On peut se procurer mes solutions, à Paris et à Londres, chez MM. A. GAUDIN ET FRÈRE.

www.ingramcontent.com/pod-product-compliance
Ingram Content Group UK Ltd.
Pitfield, Milton Keynes, MK11 3LW, UK
UKHW022252170726
13837UKWH00006B/2508

9 782019 983352